AF587767

الكاتب: رومان بيسورا

رسوم: سونيا وايمر

كتابة النص العربي:
سهى أبو شقرا

الطبعة العربية الأولى عام 2019

دار جامعة حمد بن خليفة للنشر
صندوق بريد 5825
الدوحة، دولة قطر

www.hbkupress.com

ألحان الغابة

صدر هذا الكتاب للمرة الأولى في إسبانيا عن إديبي عام 2018

كتابة النص العربي: سُهى أبو شقرا

الترقيم الدولي: 9789927137433

تمت الطباعة في بيروت لبنان.

مكتبة قطر الوطنية بيانات الفهرسة – أثناء – النشر (فان)

بيسورا، رومان، مؤلف.

[Zoo de paraules].Arabic

ألحان الغابة / الكاتب رومان بيسورا ؛ رسوم سونيا وايمر ؛ كتاب النص العربي سهى أبو شقرا. الطبعة العربية الأولى. – الدوحة : دار جامعة حمد بن خليفة للنشر، 2019.

صفحة ؛ سم

تدمك 978-992-713-743-3

1. الحيوانات -- قصص للأطفال. 2. قصص الأطفال الفرنسية -- ترجمات إلى العربية. أ. وايمر، سونيا، رسام. ب. أبو شقرا، سهى، مترجم. ج. العنوان.

PZ10.763 .B47 2019

843 – dc23

201927337844

أبو الحِنّ

تويت ويت.... ما أجملكِ
زهرُ الكرزِ قد زيَّنكِ
تويت ويت... عِطرُكِ فوّاح
يملأُ ريشي فأفرحكِ

السنجاب

أهلًا أهلًا يا عُصفورْ
سحرُ صوتِكَ والزهورْ
بهجةُ الحياةْ
ومصدرُ النشاطْ
أقفزُ، ألفُّ، وأدورْ
أبحثُ عن مخبأٍ
لحبَّاتِ اللَّوزِ
والبندقِ والبلُّوطْ
ومخزونِ الجوزِ
أحفظُها للشتاءْ
وأحرسُها كالكنزِ

الثعبانُ وأمُّ أربعٍ وأربعين

لم أتأخرْ عن موعدِنا
ولبستُ ثوبي الأنيقْ
ليناسبَ طولي الرّشيقْ

زيّنتهُ بالألوانْ
هو الأجملُ بين ثيابي
لحضورِ المهرجانْ

نسيجُهُ الأفضلُ
مميزٌ بلا أكمامْ
أزهو بهِ أتمايلُ
مع أحلى الأنغامْ

ثوبُك مزركشٌ ينالُ الإعجابْ
رسومُهُ تُبهجُني منظرُها جذابْ
ألوانُه جميلةٌ مثلَ جواربي
اخترتُها بعنايةٍ وفقَ أسلوبي

جواربي كالعادةِ تلفتُ النظرْ
لو حركْتُ أقدامي يُخطِئونَ العدّ
أو إذا رقصْتُ على ضوءِ القمرْ

هيّا نزهو نتباهى بأزيائِنا
نُسعدُ الحاضرين بوجودِنا
بمحبةٍ وألفةٍ نعيشُ حياتَنا

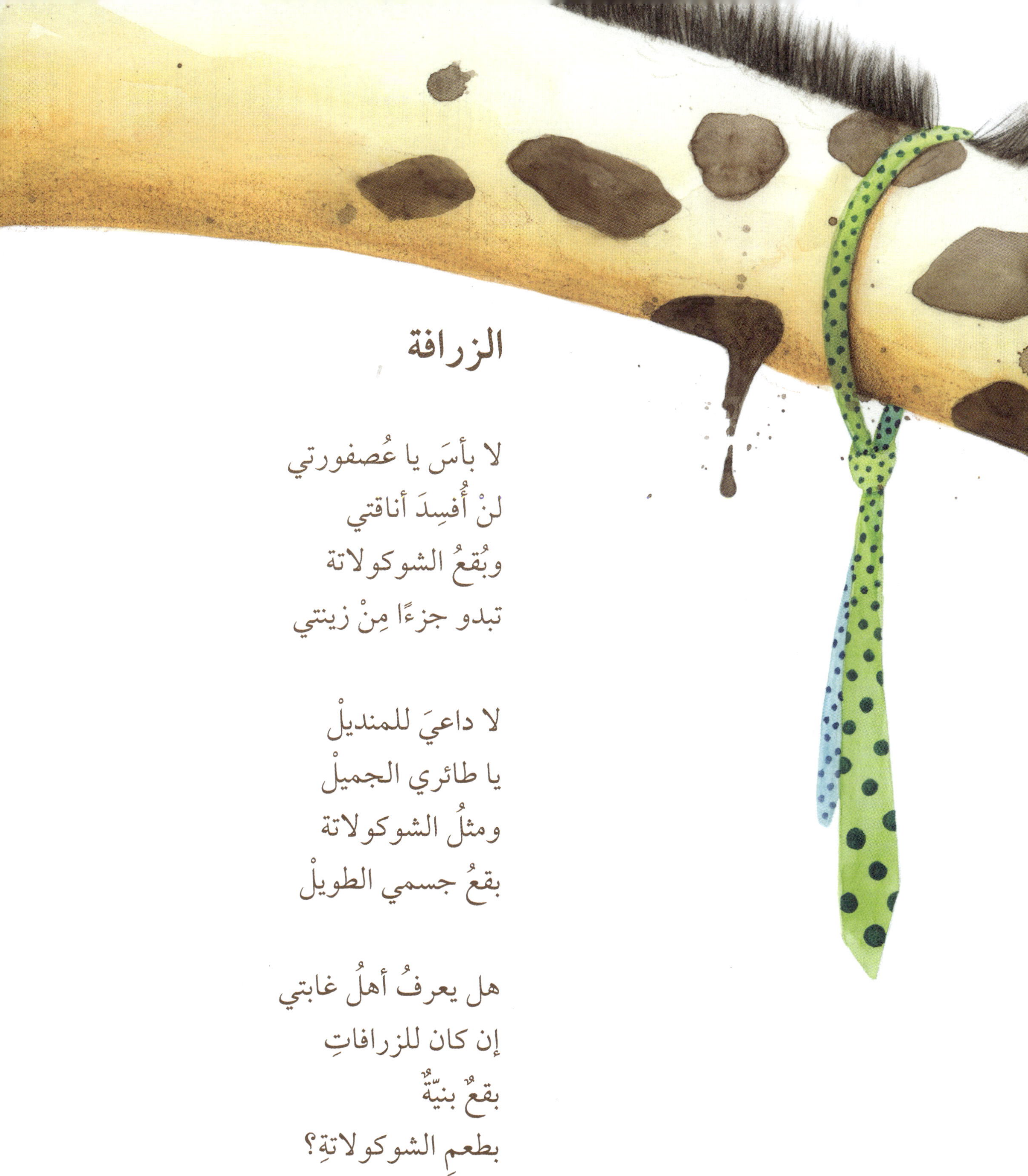

الزرافة

لا بأسَ يا عُصفورتي
لنْ أُفسِدَ أناقتي
وبُقعُ الشوكولاتة
تبدو جزءًا مِنْ زينتي

لا داعيَ للمنديلْ
يا طائري الجميلْ
ومثلُ الشوكولاتة
بقعُ جسمي الطويلْ

هل يعرفُ أهلُ غابتي
إن كان للزرافاتِ
بقعٌ بنيّةٌ
بطعمِ الشوكولاتةِ؟

الحلزون

رائحةُ التفاحْ
فاحَتْ في الصَباحْ

أريدُ أكلَها
وأحبُّ طعمَها

لكنني أخافْ
من الطّيرِ الخطّافْ

فهلْ أحتَمي
ببيتي وأرتاحْ؟

الأيل

ما ترونَهُ ليس َغصنًا
والفروعُ هي قروني
أحملُها معيَ وأعدو
فوقَ التلِّ راقبوني

لكنّها تنمو وتكبُر
كلَّ عامٍ كالغصونِ
أُبدّلُها في الربيعِ
وأُجدِّدُها صدّقوني

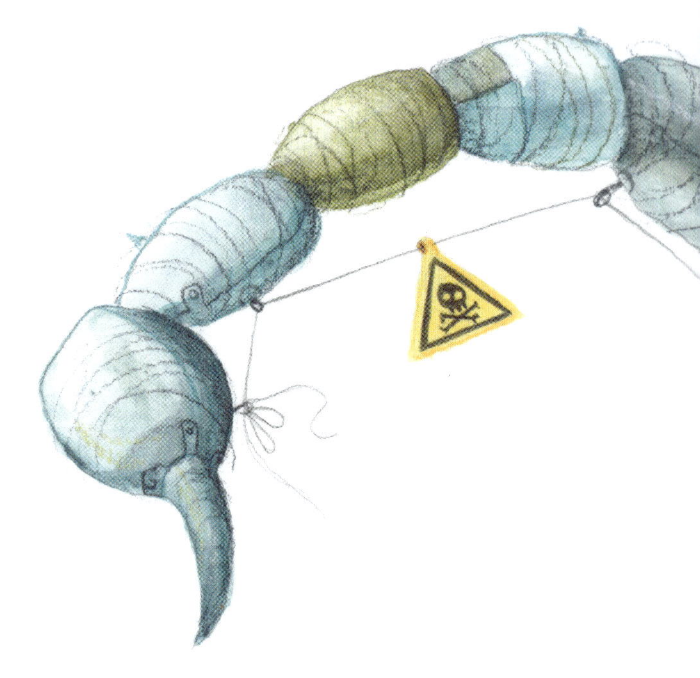

العقرب

احْفظْ شكلي كَي تَحذرَني
منّي أبدًا لا تَقربْ

لستُ ودودًا ولا مَحبوبًا
ولدْغتي هي الأصعبْ

لا تَمشِ حافيَ القدمين
عند رؤيتي اهْرُبْ

لا أخافُ إلاّ حينَ
تخبِطُ الأرضَ وتضربْ

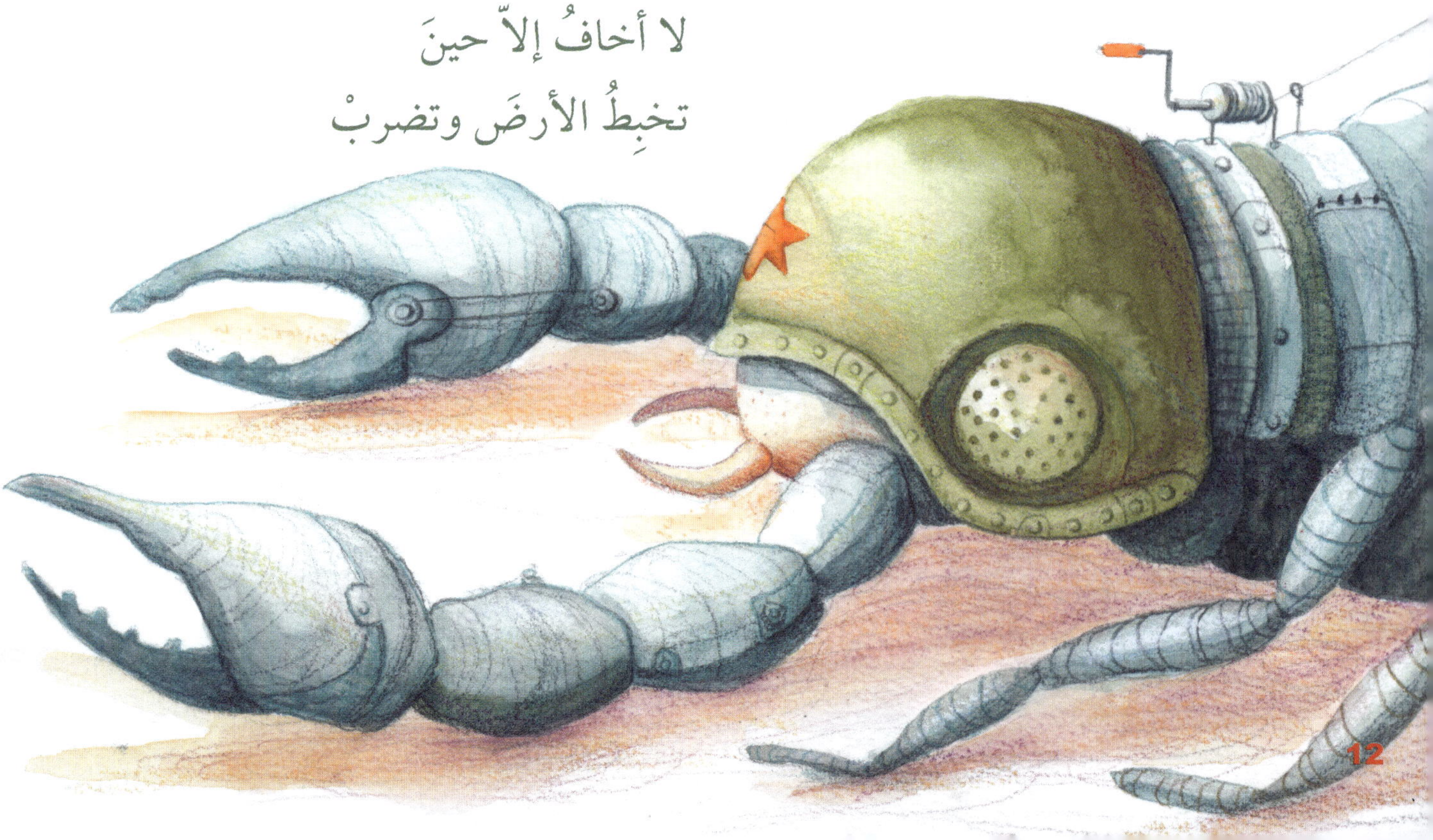

القنفذ

لا تحكمْ على شَكلي
وأشواكي على ظَهري
فأنا صيّادُ العقاربِ
أحميكَ من الخطرِ
وأقاومُ سمَّ الثعبان
وأهاجمُهُ من صِغري

لكنّ شوكي يلتقطُ
أشياءَ دونَ أن أدري
فساعِدْني لأنزَعَها
ولكَ منّي كُلُّ الشكرِ

الحسوُّن والضفدع

أرجوكَ أيُّها الضِفدع
نريدُ أن ننامْ
أقلقْتَ صِغاري
وغدًا عندي مَهامْ

يا ليتَك بدلَ النقيق
تتعلمُ الموسيقى
دو ري مي فا صو لا سي
فهي خيرُ صديقة

يا جاري الحسوُّن
أنا لستُ عصفورًا
وصوتي هو غنائي
يُبقيني مسرورًا

لنجمعْ صوتينا بغناءٍ جميلْ
ونخترِع ألحانًا
نق نق... ودو ري مي
هذا حلٌ ليسَ له مثيلْ

الهرُّ والفأرُ

لا تمرَّ مِن أمامي
دونَ أنْ تُلقيَ السلامْ
ودَعْنا نبدأْ بالكلامْ

هيّا بنا نتصالحْ
نلعب يا فأري ونمرحْ
ننسى ونتسامَح

لكنّي بطبعي غدَّار
ولن يطولَ الاعتذارْ

السُّلحفاةُ

أسيرُ ببطءٍ
على مهلٍ
والتَّأنّي ليسَ كسلًا
أحملُ بيتي
على ظهري

وثقلُ دِرعي يزيدُني وزنًا
لا أتسرّعُ
في خُطواتي
مهما كانَ دربي وعِرًا

الفزَّاعةُ والخُلدُ

أنتِ تخيفينَ الطيرَ
ثابتةً على وتدِ
في الحرِّ وفي البردِ
كشخصٍ ممشوقِ القدِّ
وضعوكِ لتحمي الزرعَ
فدعي بيوتَ الخُلدِ

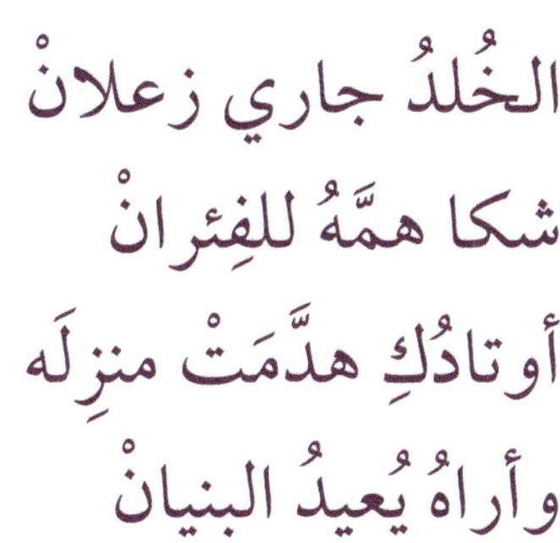

الخُلدُ جاري زعلانْ
شكا همَّهُ للفِئرانْ
أوتادُكِ هدَّمَتْ منزِلَه
وأراهُ يُعيدُ البنيانْ

يا فأرُ جارُكَ غلطانْ
نَبَشَ جُذورَ الزرعِ
ولَمْ تكفِهِ الديدانْ
وإن اقتربَ من المحصولِ
وحدَه سيكونُ الخسرانْ

هو حفّارُ الترابِ
يهوّي التربةَ لا مانعْ
لكني لن أسمحَ أبداً
بأذى المزارعْ

فأرُ الحقلِ

أسرِعْ أسرِعْ يا شُحرورُ
كائنٌ صغيرٌ يلفُّ يدورُ
أظنُهُ فأرًا
يحبُّ اللعِبَ
نُسلّيهِ قليلًا
ونأكلُ الحبَّ

زيزُ الليلِ

زييززز.. زييززز أنا هنا
اسمعوني ردّدوا
زييز.. زييززز جاء الصيفُ
هيّا غنّوا واسعَدوا

الذعرةُ البيضاءُ

مطرٌ بردٌ، وصقيعٌ
يُسعدُني فصلُ الشتاءْ
أحتملُ ثلوجَ الحقلِ
كأنَّ في قدميّ حذاءْ

ذيلي يهتزُّ من ذُعري
أو عندَ شعوري بالخطرِ
لكنّي طيرُ غناءٍ
أفرحُ أمرحُ رُغمَ الحذرِ

القُرْقُفُ الأزرق

ترانِي مُحلِّقًا تعرفُني مِن لَوْني
أزرقُ الجناحيْنِ والرأسِ والذيْلِ
أطيرُ أتشقلبُ مثلَ البهلوان
أتدلّى فوقَ الأغصانِ وأُجيدُ الدوران

أسكُنُ داخلَ جِذعٍ، أو صندوقِ بريدِ
أو عُشٍّ قديمٍ يحتاجُ للتجديدِ
عندي رفيقٌ دائمٌ نتقاسمُ المهامْ
نُغنّي بصوتٍ صداحٍ ونعيشُ بسلامْ

طيورٌ من ورقٍ

ورقةٌ بيضاءْ
نطويها باعتناءْ
نُقلِّبها، نلفُّها
نُغيّرُ شكلَها
فتصبح عُصفورًا
كنارًا، أو شُحرورًا

نرْميها في الهواءْ
فتحلِّقُ في الفضاءْ

هكذا غنّى السِّنجابُ
لطيورِ الورقِ
وصوتُ الثعلبِ والغزالْ
تردّدَ في الأُفقِ...
والخُلدُ قالَ والقنفذُ
ما هذا الجمالْ؟

والهرُّ مياو الكبيرُ
المعلمُ القديرُ
لمّا نادى...انطلاق
لفحَتْ نسماتُ الهواءْ
حملَتْ معَها الوَقْوَاقَ
وأبا الحِنِّ والببغاءْ
وطيرَ الشُّحرورِ الخفَّاقَ

ولم تنسَ العندليبَ
ولا الذُّعرةَ البيضاءْ
البومةُ لم تعرفْ أبدًا
إن كانَ الهدهدُ عصفورًا
أمْ طائرَ ورقٍ حقًّا!

فطيورُ الغابةِ في الصيفْ
للمدرسةِ أحْلى ضيفْ

العندليب

ألحاني البديعةْ
تُراقصُ الطبيعةْ

ومَع شدْوي صباحًا
تستيقظُ الألحان

أزقزقُ فأبدعُ
إذا حلَّ الغروبْ
وأصواتي الشجيةُ
تُسعدُ القلوبْ

أُلهِمُ الأفكارَ
ألحانًا وأشعارا
فمِن دونِ الموسيقى
لا يحلو الوجود

الخروف يقلدٍّ الأصوات

عندي مباراةٌ
لتقليدِ الأصواتِ
فأنا الخروفُ الوديعْ
صوتي محبوبٌ، بديعْ
تعرفونَهُ مااااع ....مااااعْ
تسمعونَهُ مااااع.... مااااعْ

أهلًا صديقي الحمارْ
عندي غدًا اختبارْ
ساعدْني لأقلِّدَ صوتَك
وأكونَ من الشطارْ

ركِّزْ معي يا صديقُ
صوتي اسمُهُ النهيقُ
قلْ هيّا... ها ئي ....هااااا ئي ي ي ي
كررْهُ... ها ئي.....هااااا ئي ي ي ي

وماذا عنك يا حصاني؟

صوتي هو الصهيلُ
ردِّدْهُ...إي ي ي .....إي ي ي
كرِّرْهُ...إي ي ي....إي ي ي

وأنتَ يا ديكَ الصباحِ
أسمعْني صوتَ الصياحِ

صِحْ مثلي...كي كي كيييي
قلْ بعدي...كي كي كيييي

وأنتِ يا بقرةُ، ماذا تقولين؟
ماذا تفعلين عندما تُغنِّين؟

أنا أخورُ...موووووو....موووو
كرِّر بعدي...مووووو....موووو

الوقواقُ

أُطلُّ معَ بدْءِ الربيعْ
وتفتُّح الزَّهرِ البديعْ
وأُطلقُ زقزقتي الشهيرةْ
مُغرِّدًا كوكو... كوكو

أتحمَّلُ السفرَ البعيدَ
وأجلُبُ الحظَّ السعيدَ
لِمنْ يُحِبُّ زقزقتي
مثلَ الساعةِ كوكو... كوكو

أنا طائرٌ طبعِي عجيبْ
أضعُ بيضي في عُشٍّ غريبْ
يفقُسُ، يكبرُ، ويطيرُ
وينادي كوكو... كوكو

الشُّحرورُ

لستُ مغرورًا لكنّي
طيرُ غِناءٍ مشهورْ
صوْتي عذبٌ فيهِ سحرْ
لا تجدُهُ لدى الطُّيورْ
في الغابةِ والحقلِ تسمعُ
صوتي فيملؤكَ الحُبورْ

طائرُ النَّمنمةِ

صغيرُ الحجمِ، كبيرُ الفعلِ
نشيطٌ، سريعٌ، بديعُ الشكلِ
أطيرُ، أحُطُّ، وأنفُضُ ريشي
رشيقٌ، أنيقٌ، والأصفرُ تاجي
أُغنّي وأرفعُ ذيلي فرِحًا
أبني عُشّي، أزدادُ مَرَحًا

الفأرةُ النظيفةُ

انهضْ هيّا
حرِكْ جسمَكَ
نشّطْ ذِهنَك
قُمْ ساعدني
بيتي كبيرْ
عملي كثيرْ
هيّا تحرَّكْ
بدونِ تأخيرْ

بعدَ اليومِ
لن أقبلَ الأعذارْ
ويدي بيدِكْ
ننظفُ الدارْ

نتقاسمُ المهامْ
نعيشُ أيامَنا
بدونِ خصامْ

واعلمْ يا فأرُ
إنْ تعاوّنا
تزيدُ مشاعرُ
الودِّ بيننا
نُجمّلُ الدارَ
نُعِدُّ الحلوى
نستقبلُ الزُوّارَ